OMA

ist die Beste

Heleen Tichler • Jack Botermans

OMA ist die Beste

Mehr als 60 Bastel- und Spielideen für eine Superoma und ihr Enkelkind!

LAPPAN

INHALT

OMA IST DIE BESTE!

Mehr als 60 Bastel- und Spielideen für eine Superoma und ihr Enkelkind

Omas sind keine gewöhnlichen Menschen. Omas sind ganz wichtige Menschen. Besonders für die Enkel. Und darum müssen Omas ganz besondere Dinge können. Manchmal scheint es, als ob Eltern diese besonderen Fähigkeiten nicht mehr beherrschen. Wahrscheinlich stimmt das nicht. Mütter und Väter sind einfach viel zu beschäftigt mit der Erziehung und dem ganzen Drumherum, um diese einfachen, aber besonderen Dinge mit ihren Kindern zu tun. Und darum übernehmen das die Omas: Basteln und Spiele spielen, etwas zum Naschen kochen, singen, Scherze machen und Tricks aus dem Hut zaubern. Denn Omas haben hierfür die Zeit und Geduld. Und wenn nicht, dann nehmen sie sich die Zeit einfach. Deshalb haben wir in diesem Büchlein eine ganze Menge an Bastel- und Spielideen zusammengestellt, die ohne viel Vorbereitungszeit mit den Enkeln getan werden können, mit Dingen und Materialien, die fast jeder zu Hause hat. Natürlich gehen wir davon aus, dass du viele der hier vorgestellten Dinge noch aus deiner eigenen Jugendzeit kennst oder du sie von deiner Oma gezeigt bekommen hast.

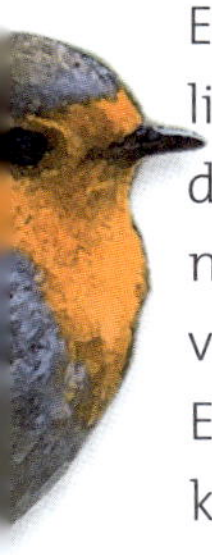

Ein Ideenschatz, damit du schöne Zeiten mit deinen Enkeln verbringen kannst. *Wir wünschen euch viel Spaß!*

Zum Frühstück

Zutaten für vier Personen:
2 Bananen
1 Limette
4 Esslöffel Zucker
2 Kiwis
Joghurt

Küchengeräte:
1 Küchenmesser
1 Schneidebrett
4 Gläser
1 Gabel

Der Tag ist schon halb gewonnen, wenn er gut anfängt. Daher folgt hier ein leckeres Rezept, mit dem du dein Enkelkind am Morgen überraschen kannst. Es gibt viel Energie, schmeckt lecker und ihr könnt es zusammen machen.

Schneide die Bananen in Scheiben, lege ein paar davon zur Seite und zermatsche den Rest mit einer Gabel. Beträufele das Bananenpüree mit Zitronensaft, streue den Zucker darüber und verrühre alles gut miteinander. Schäle die Kiwis und schneide sie in Scheiben.

Gib das Püree und den Joghurt schichtweise in die Gläser. Lege zum Schluss einige Kiwi- und Bananenscheiben auf jedes Glas. Und jetzt schlemmen. Erfolg garantiert, das kann einfach nicht schiefgehen.

Zucker

HASENKOPF

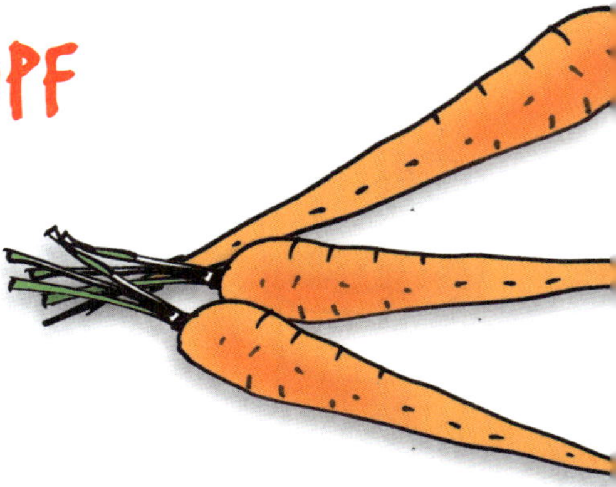

Benötigt werden:
1 Blechdose
Kieselsteine
4 Möhren
Farben und Pinsel
1 Bleistift
Papier
Klebstoff

Eine schöne Dekoration für den Tisch oder die Fensterbank.

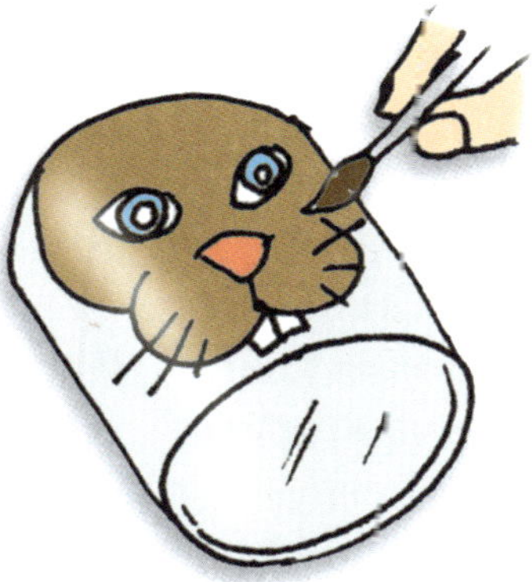

Beklebe die Dose von außen mit einem Blatt Papier. Zeichne ein Hasengesicht darauf und male es bunt an.

Lege die Kieselsteine in die Dose und fülle sie randvoll mit Wasser.

Stecke dann die Möhren zwischen die Kiesel, auf jeder Seite zwei. Stelle das Ganze an einen sonnigen Platz, und du wirst sehen, wie schnell das Grün wächst und ein paar hübsche Ohren entstehen.

Denke daran, dass die Möhren ab und zu gegossen werden müssen.

GUTE FEE

Benötigt werden:

weißes Krepppapier (100 x 60 cm)
einige Pappen
Gummiband (75 cm lang)
Alufolie
schmales Band oder
Gummiband (100 cm lang)
Papierkleber
Schere
Bleistift
Stab (12 cm Ø)
Heftmaschine

So kann man ganz schnell Weihnachts- oder Märchenstimmung herbeizaubern: Bastle die Krone aus einem Stückchen Pappe, das 7 x 60 cm groß ist. Schneide sie in einem Wellenmuster aus und nimm Maß am Kopf deiner Enkelin. Schneide Sterne aus der Pappe und klebe oder hefte sie an das Band. Wenn du die Krone mit Silberfolie beklebst oder sie anmalst, sieht sie besonders schön aus.

Schneide die Flügel, wie in der Zeichnung dargestellt, aus der Pappe aus. Beklebe sie mit Alufolie oder male sie nach eigenem Ermessen an. Schneide vier Löcher in die Flügel (siehe Zeichnung), teile das schmale Band oder Gummiband in zwei Hälften und knote sie auf jeder Flügelseite zu einer Schlaufe zusammen, die um die Schulter gelegt wird.
Nun fehlt nur noch der Rock aus dem Krepppapier. Schneide es auf die gewünschte Länge, falte es um das Gummiband und hefte es fest. Verziere den Rock mit Sternen, die du vorher mit Alufolie beklebt oder angemalt hast. Der Rock wird hinten wie eine Schürze zusammengebunden. Fertig ist die kleine Zauberfee!

OMA KANN ZAUBERN!

Benötigt werden:
Stückchen Pappe (7 x 10 cm)
1 schwarzer Filzstift oder schwarze runde Aufkleber

Es macht immer wieder Spaß, den Enkeln kleine Zauberkunststücke beizubringen. Dies hier ist einfach und benötigt wenig Vorbereitung. Der Erfolg ist dir sicher, und die Kinder werden staunen.
Aus der Pappe machst du die Zauberkarte: Male Pünktchen auf die Vorder- (A) und Rückseite (B) der Karte oder beklebe sie mit schwarzen Stickern. Die Punkte müssen an die richtige Stelle geklebt werden, so wie in der Zeichnung dargestellt.

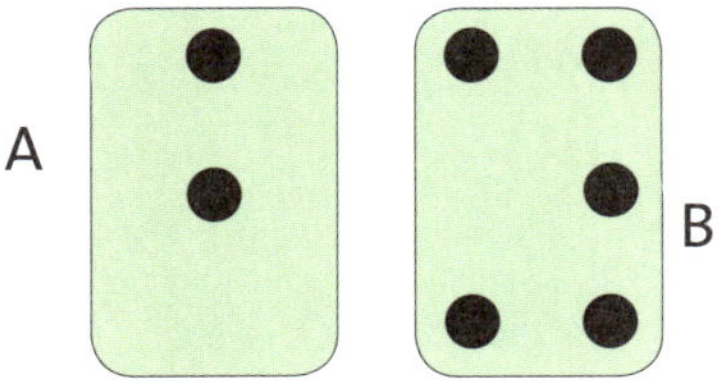

Der eigentliche Zaubertrick

1. Nimm die Karte so in die Hand, dass sich dein Daumen unter den angegebenen zwei Punkten befindet (Seite A). Es scheint, als habe die Karte drei Punkte.
2. Nimm die Karte und drehe sie unter viel Brimborium auf die Seite B, aber so, dass dein Daumen den mittleren Punkt links verdeckt.

3. Wende die Karte dann wieder auf Seite A und verdecke mit deinem Daumen den untersten Punkt. Nun scheint es, als habe die Karte nur einen Punkt.
4. Drehe die Karte nochmals auf die Seite B und lege deinen Daumen auf die leere Stelle in der Mitte links. Nun scheint es, als habe die Karte sechs Punkte. So machst du weiter, und niemand weiß mehr, wie viele Karten du eigentlich in der Hand hältst.

Omas Strickzeug

Manchmal ist es richtig praktisch, ein Enkelkind zu haben. In diesem Fall ist dir dein Wollknäuel aus der Hand geglitten, und jetzt musst du das Ganze wieder entwirren. Genau das Richtige für dein Enkelkind.
Welcher Faden von den zehn Fäden unten rechts in der Abbildung gehört zu dem Wollknäuel rechts oben?

In einer Reihe

Fordere dein Enkelkind mit folgendem Rätsel heraus: „Lege fünf Münzen in zwei Reihen, sodass eine Reihe aus vier und die andere Reihe aus drei Münzen besteht.“ Wenn dein Enkelkind dieses Rätsel innerhalb von einer Minute gelöst hat, ist es wirklich ein heller Kopf.

Auflösungen auf den Seiten 18 und 19

Sprich mir nach!

Unten stehen verschiedene Sätze. Deine Enkel oder andere Kinder sollen diese Sätze so schnell sie können nachsprechen. Das Kind, welches sie am schnellsten nachspricht gewinnt. Aber auch Oma kann ruhig schon mal ein wenig üben.

WENN FLIEGEN HINTER FLIEGEN FLIEGEN FLIEGEN FLIEGEN FLIEGEN NACH

FISCHERS FRITZE FISCHT FRISCHE FISCHE, FRISCHE FISCHE FISCHT FISCHERS FRITZE.

WIR WILHELMSHAVENER WASCHWEIBER WOLLEN WEISSE WÄSCHE WASCHEN. WEISSE WÄSCHE WASCHEN WOLLEN WIR WILHELMSHAVENER WASCHWEIBER.

Auflösung Seite 16: Faden F

BLAUKRAUT BLEIBT BLAUKRAUT
UND BRAUTKLEID BLEIBT BRAUTKLEID.

ZWISCHEN ZWEI ZWETSCHGENZWEIGEN
ZWITSCHERTEN ZWEI SCHWALBEN.

DER KAPLAN KLEBT KLAPPBARE PAPPPLAKATE.

ES KLAPPERTE DIE KLAPPERSCHLANG
BIS IHRE KLAPPER SCHLAPPER KLANG.
BIS IHRE KLAPPER SCHLAPPER KLANG
KLAPPERTE DIE KLAPPERSCHLANG.

KLITZEKLEINE KINDER KÖNNEN KEINEN
KIRSCHKERN KNACKEN. KEINEN KIRSCHKERN
KÖNNEN KLITZEKLEINE KINDER KNACKEN.

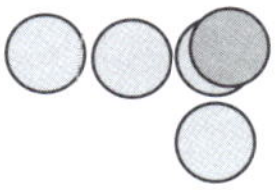

Auflösung Seite 17:

ÜBERRASCHUNG

Benötigt werden:
dünne Pappe (40 x 20 cm)
1 scharfes Messer oder Schere
Klebstoff
1 Lineal
1 Bleistift
farbiges Band
Farbe und Pinsel

Eine schöne Geschenkverpackung kommt immer gut an, und etwas Selbstgemachtes hat einen ganz besonderen Wert.
Übertrage die Abbildung rechts mit Bleistift und Lineal auf die Pappe. Schneide die Form aus. Leg das Lineal auf die gestrichelten Linien und zieh sie mit der Schere/dem Messer leicht nach; so lässt sich die Pappe exakter falten. Mach kleine Löcher an den in der Zeichnung angegebenen Stellen. Knicke nun die Pappe entlang der nachgezogenen Linien gerade nach innen, setze die Figur zusammen und klebe die Ränder an den angrenzenden Seiten fest. Leg das Geschenk hinein. Falte die beiden „Hälften“ gegeneinander und schließe so die Form. Ziehe ein farbiges Band durch die Löcher und knote es zusammen. Jetzt kommt nur noch das Verzieren. Du kannst die Verpackung mit Pinsel und Farbe anmalen, aber auch mit farbigem Papier oder anderen Materialien bekleben.

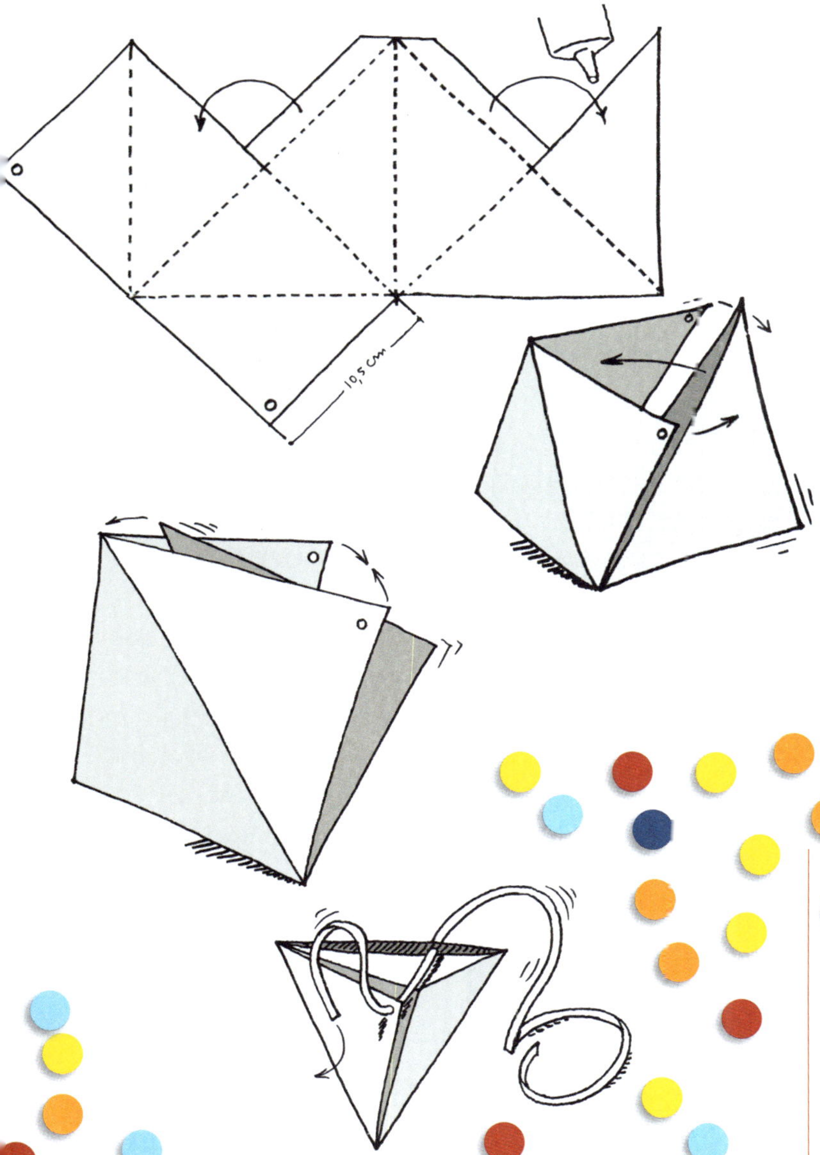
10,5 cm

AVOCADO-MIX

Zutaten für sechs Personen:

2 Tomaten
1 Esslöffel Olivenöl
1 Zwiebel
1 Limette
1 Esslöffel Crème fraîche
½ Teelöffel Salz
2 reife Avocados

Küchengeräte:

1 Rührschüssel
1 Küchenmesser
1 Reibe
1 Zitronenpresse
1 Gabel
1 Schneidebrett
6 Salatschälchen

Kinder mögen Avocados nicht besonders gerne, aber sie sind nun mal sehr gesund. Lass dein Enkelkind diesen Mix selbst machen, und du wirst sehen, dass es danach ganz anders über Avocados denken wird.

Wasche die Tomaten und schneide sie in ganz kleine Stückchen. Gib sie in die Rührschüssel und träufle das Olivenöl darüber. Mit einer Gabel lassen sie sich gut mit dem Öl vermischen. Schäle die Zwiebel. Presse danach die Zitrone aus und gib den Saft in die Schüssel. Füge die Crème fraîche hinzu. Reibe ein wenig von der Zwiebel darüber und verrühre alles gut miteinander.

Schneide die Avocados in zwei Hälften. Entferne Kern und Schale. Schneide sie in kleine Stücke und zermatsche sie mit einer Gabel, nachdem du Salz hinzugefügt hast. Gib die Avocadocreme in die Salatschälchen und verteile die Tomatenstücke darüber. Und nun heißt es einfach nur genießen ...

AFTERSUN

Benötigt werden:
1 Gurke oder
Buttermilch

Nach einem Tag am Strand mit deinem Enkelkind kann es sein, dass es einen leichten Sonnenbrand bekommen hat, obwohl du es sorgfältig mit Sonnenschutz eingecremt hast.
Dagegen weiß Oma Rat. Eine Gurke sorgt für Linderung. Schneide sie in dünne Scheibchen und lege sie auf die empfindlichen Stellen. Nach kurzer Zeit fühlt sich die Haut schön kühl an und ist nicht mehr so empfindlich.
Ein anderes altes Hausmittel ist Buttermilch. Reibe die geröteten Stellen vor dem Schlafengehen mit Buttermilch ein. Lasse die Buttermilch trocknen und wasche sie am nächsten Morgen einfach ab. Vielleicht klingt es ein wenig unangenehm, aber du wirst sehen, dass es hilft! Außerdem riecht Buttermilch überhaupt nicht mehr, sobald sie getrocknet ist.

OMAS FISCHE

Benötigt werden:
dünne Pappe (15 x 8 cm)
1 Schere
Salatöl
1 Schüssel mit Wasser
wasserfeste Stifte

Omas Fische können schwimmen. Wetten?
Übertrage das Fischchen auf die Pappe und schneide es aus. Schneide auch den Schlitz samt Rundung aus. Lege das Fischchen flach auf das Wasser, tropfe ein wenig Salatöl in die Rundung, und du wirst erleben, dass das Fischchen herumschwimmt.
Du kannst es mit wasserfesten Stiften verzieren, bevor du es ins Wasser legst.

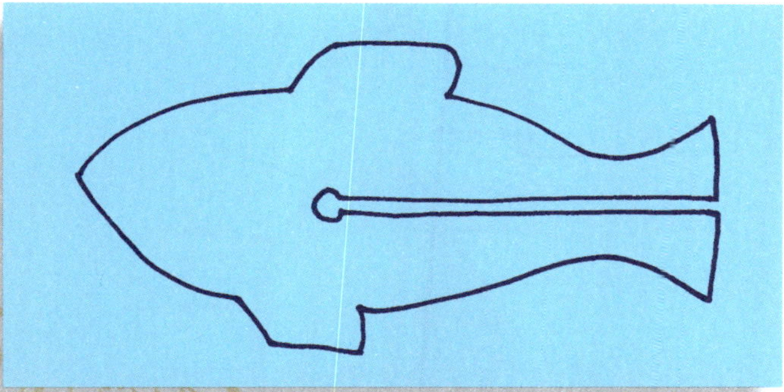

WASSERSPIELE

Sie eignen sich für die Sommer-Oma mit Garten. An einem warmen Tag kann man zur Abkühlung herrlich mit Wasser herumspielen. Hier findest du ein paar Ideen. Aber sorge unbedingt dafür, dass anschließend trockene Kleidung bereitliegt!

BALLONSPRÜHER

Nimm einen leeren Luftballon und piekse mit einer Nadel kleine Löcher hinein. Stülpe die Öffnung des Ballons über einen Wasserhahn und fülle den Ballon mit Wasser. Nimm den vollen Ballon ab und geh in den Garten. Gib den Ballon deinem Enkelkind und lass es in den Ballonsprüher kneifen. Bei warmem Wetter eine willkommene feine Abkühlung ...

TISCHTENNISBALL-BALLETT

Hast du einen Wasserschlauch im Garten? Dann soll dein Enkelkind einmal versuchen, einige Tischtennisbälle auf dem Wasserstrahl des Gartenschlauchs tanzen zu lassen. Das ist schwieriger als es aussieht!

DOSENSCHIESSEN

Noch ein Gartenschlauchspiel. Dein Enkelkind probiert, mit dem Schlauch gestapelte Blechdosen umzuspritzen. Natürlich aus einer bestimmten Entfernung! Und Oma steht daneben, um die umgefallenen Dosen wieder aufzustapeln. Und natürlich, um eine volle Ladung Wasser abzubekommen ...

FLASCHEN WERFEN

Oma und ihr Enkelkind stehen fünf Meter voneinander entfernt, vor beiden steht jeweils eine mit Wasser gefüllte, oben offene Flasche auf dem Boden.
Versucht nun, mit einem Ball abwechselnd die Flasche des anderen umzuwerfen. Der Ball darf nur gerollt werden. Fällt eine Flasche um, muss derjenige den Ball holen und darf erst dann die Flasche wieder hinstellen. Verloren hat, wessen Flasche zuerst halb leer ist.

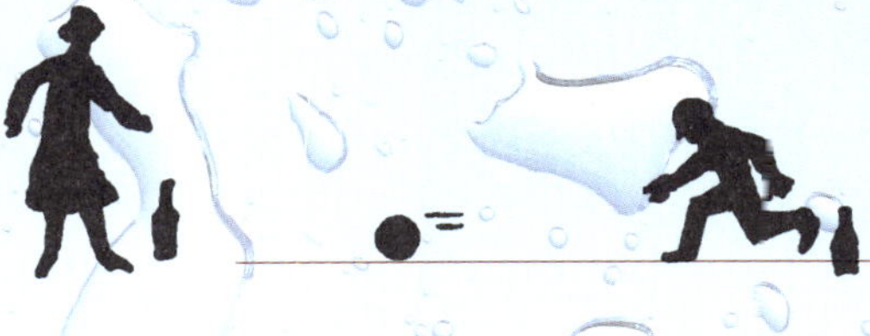

WÖCHENTLICHER SPAZIERGANG

Ein Spaziergang mit deinem Enkelkind ist immer wieder schön.
Solltet ihr an einem Fluss, Kanal oder Bach entlangspazieren, ist es natürlich wichtig, dass du erzählen kannst, an welchen Pflanzen ihr wahrscheinlich vorbeikommt.
Rechts findest du daher eine kleine Hilfe zur Bestimmung einiger typischer Pflanzen.

Zichorie

Wahrscheinlich werdet ihr auch Dohlen sehen. Häufig brüten sie in Türmen in der Stadt. Im Frühling kann man sie oft mit kleinen Zweigen im Schnabel umherfliegen sehen.
Versuche mit deinem Enkelkind die Dohlen oder andere Vögel zu zählen. Schaut, ob sie mit Material zum Nisten umherfliegen, und wenn sie das tun, wo sie ungefähr ihre Nester bauen.

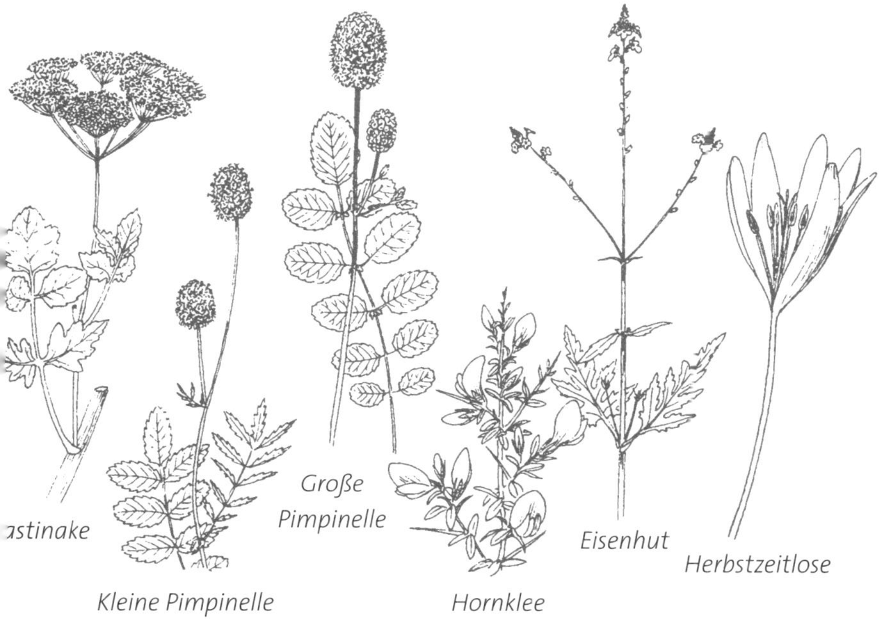

Wusstest du,
dass Dohlen ihr
ganzes Leben mit
nur einem Partner
verbringen?
Und dass Rabenvögel
glänzende Dinge (wie
zum Beispiel ein Stück
Alufolie) mögen und sie
zu ihrem Nest bringen?

SOCKENHUND

Benötigt werden:

1 große Socke für den Körper
4 kleine Socken für die Beinchen
Stückchen Babystrumpfhose für den Schwanz
2 kleine Socken, von denen die Ränder abgeschnitten sind, für die Ohren
2 Knöpfe für die Augen
Kissenfüllung
Nadel und Faden

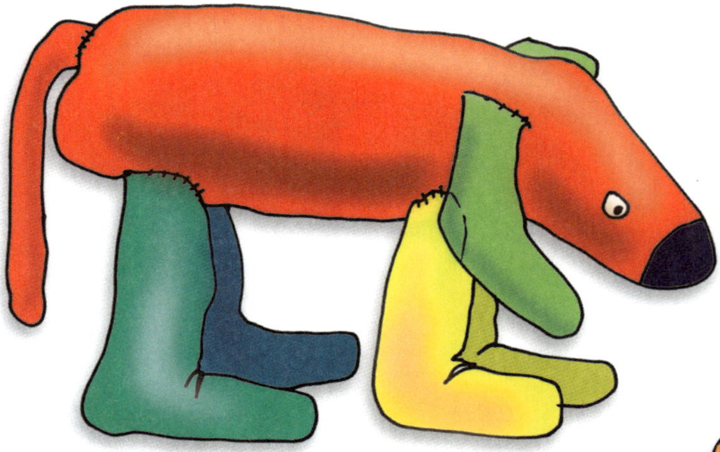

Ein tolles Kuscheltier, das einfach zu basteln ist. Wasch die Socken unbedingt vorher noch einmal durch, damit sie sauber sind und gut riechen.
Fülle nun die große Socke mit Kissenfüllung (Körper) und nähe sie zu. Fülle die vier kleinen Socken (Beine) und nähe sie an die große Socke.
Nun fülle auch das Stückchen Babystrumpfhose (Schwanz) und nähe es an den Rumpf. Bleibt nur noch, Augen und Ohren an der richtigen Stelle zu befestigen.
Wenn du genügend Socken hast, kannst du eine ganze Hundemeute basteln, zum großen Vergnügen deiner Enkel. Motiviere die ganze Familie, dass sie ihre alten Socken (gewaschen) bei dir abgeben.

Rate mal, was das ist?

Benötigt werden:
1 Rolle Alufolie
Papierkleber

Zeichnungen voller Überraschungen. Platziere die Alufolienrolle auf den Kreis in den Zeichnungen und schau hin ... Die Folie darf keine Struktur haben, sie darf nicht verknittert, sondern muss ganz glatt sein. Ist sie das nicht, reiße so viel von der Rolle ab, bis sie spiegelglatt ist.

Dies sind sogenannte Anamorphosen. Eine alte Technik, die bereits auf Gemälden aus dem 4. Jahrhundert angewandt wurde. Hierbei handelt es sich um Abbildungen, die nur auf eine bestimmte Art und Weise betrachtet werden können. Und wieder zeigt sich, dass auch Oma nie zu alt ist, um etwas hinzuzulernen.

FINGERPÜPPCHEN

Benötigt werden:
Stückchen dünne Pappe
Bleistift/Filzstifte
Gummibänder
Schere

Eine schöne Bastelei für deine Enkel, mit der sie herrlich zusammen spielen können. Übertrage die Zeichnungen auf Pappe oder kopiere diese Seite und klebe sie auf die Pappe. Schneide sie aus und stich, wie in der Zeichnung abgebildet, mit der Schere kleine Löcher in Hose und Rock. Zieh Gummibänder durch die Löcher und knote sie hinten zu, streife sie über Zeige- und Mittelfinger (wie oben im Bild), und los geht's, an jeder Hand ein Püppchen. Natürlich kannst du die Püppchen auch anders bemalen oder sie größer und kleiner machen (je nachdem, wie groß deine Hand ist). Mit mehreren Kindern könnt ihr auch eine kleine Geschichte einüben – die Eltern freuen sich sicher auch über ein Fingerpüppchen-Theaterstück ...

MORGENGYMNASTIK

Kurze Pause mit einem Bewegungsliedchen. Dein Enkelkind macht die Bewegungen im Rhythmus des Liedes nach. Beim Singen die genannten Körperteile berühren. Was für ein Spaß!

SCHOKOLADE AUSPACKEN

Benötigt werden:
Stückchen Schokolade
viel Zeitungspapier
Klebeband oder Paketband
1 Paar Handschuhe und 1 Mütze
1 Messer und 1 Gabel
1 Würfel

Für dieses Spiel, das zu mehreren gespielt wird, hat Oma schon einige Vorbereitungen getroffen. Sie hat nämlich bereits das Stückchen Schokolade in viele Lagen Zeitungspapier eingewickelt und jede Lage mit Tesafilm oder Paketband befestigt, sodass ein ansehnliches Päckchen entstanden ist.
Das Spiel selbst funktioniert wie folgt:
Die Kinder sitzen um den Esstisch und würfeln nacheinander. Wer eine Sechs würfelt, setzt so schnell wie möglich die Mütze auf, zieht sich die Handschuhe über und beginnt mit Messer und Gabel das Paket zu öffnen. Die anderen würfeln weiter, und sobald wieder jemand eine Sechs würfelt, darf er Mütze und Handschuhe anziehen und das Paket weiter auspacken (mit Messer und Gabel, versteht sich). Das geht so lange, bis der letzte Glückliche das Stückchen Schokolade findet und aufessen darf. Sollten die Kinder noch zu klein sein

für Messer und Gabel, ersetze Besteck und Handschuhe durch Fäustlinge und lasse sie damit das Paket öffnen. Auch das ist immer noch eine große Herausforderung. Und Oma wäre nicht Oma, hätte sie am Schluss nicht auch für alle Verlierer ein Stückchen Schokolade als Überraschung.

EIN BISSCHEN ÄRGERN

Benötigt werden:
Glas Limonade
Strohhalm
Stecknadel

Nach einem Tag mit vielen Spielen mit der Oma hat dein Enkelkind sicher Durst. Schenk ihm daher ein Glas Saft oder Wasser ein und stecke einen Strohhalm hinein. Und dann kann es Oma doch nicht lassen, das Enkelkind ein kleines bisschen zu ärgern. Stich in das Stückchen des Halms, das nicht in der Limonade steckt, mit einer Stecknadel kleine Löcher hinein. Stell den Halm ins Glas zurück und serviere die Limo deinem Enkelkind. Es wird verdutzt sein, dass keine Limonade durch den Strohhalm kommt, egal wie stark es am Strohhalm saugt.

Topfschlagen

Benötigt werden:

Blumen- oder Kochtopf
Kochlöffel
Tuch zum Verbinden der Augen
Süßigkeit oder kleines Geschenk

Dies ist ein tolles Gruppenspiel für die Kleinen, mit dem Oma sie schnell glücklich machen kann und das zudem viel Spaß macht.
Gespielt wird in einem Raum, in dem nicht zu viele Möbel stehen (damit sich niemand stoßen kann), oder draußen. Einem der Kinder werden mit dem Tuch die Augen verbunden. Dann bekommt es den Kochlöffel in die Hand. Irgendwo im Raum oder draußen setzt Oma den Blumen- bzw. Kochtopf umgekehrt auf den Boden und platziert darunter die Süßigkeit bzw. das kleine Geschenk. Das Kind kriecht nun über den Boden, während es mit dem Kochlöffel vor sich auf den Boden schlägt und auf diese Weise versucht, den Topf zu finden. Die anderen Kinder ermutigen das suchende Kind oder schicken es mit falschen Anweisungen in die verkehrte Richtung, ganz wie sie wollen! Liebe Oma, achte dabei gut auf die zerbrechlichen Dinge im Raum oder die schönen Blumen draußen!

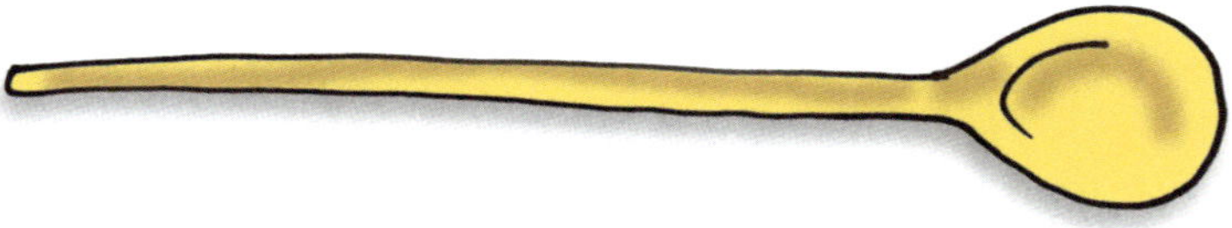

SAMBA-RASSEL

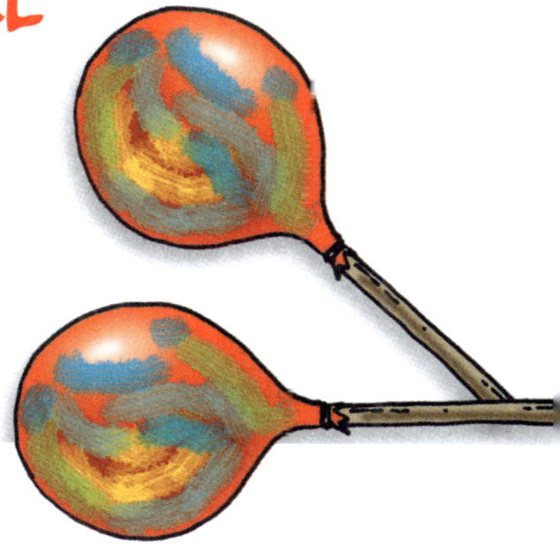

Benötigt werden:
Luftballon
Pappmaschee
etwa 3 Esslöffel Reis oder
getrocknete Erbsen/Bohnen
Fingerfarbe
Stöckchen
Klebstoff und Klebeband

Und nun heißt es Zeit nehmen zum gemütlichen Basteln. Für die Anfertigung dieser Samba-Rassel sind ein paar Trockenpausen nötig. In der Zwischenzeit kannst du andere Dinge erledigen.
Fülle den Reis, Erbsen oder Bohnen in den Luftballon. Puste ihn bis zu einer Größe von ca. 15 cm auf und verknote ihn. Beklebe den Ballon mit Pappmaschee und lasse das Ganze trocknen. Nach dem Trocknen wird er mit Fingerfarben bemalt. Befestige das Stöckchen mit Klebstoff und Klebeband am Mundstück des Ballons. Und fertig ist die Samba-Rassel. Jetzt wird ein Liedchen mit musikalischer Begleitung gesungen.
Anstelle des Fertigpappmaschees kannst du dieses natürlich auch selbst herstellen, indem du Zeitungen in Tapetenkleister auflöst. Dies ergibt ein prima Pappmaschee.

ALTE KINDERLIEDER

Oma, kennst du sie noch? Die alten Lieder, die du früher auf dem Schulhof gesungen hast? Sie machten keinen wirklichen Sinn, aber Kinder finden sie immer noch lustig. Und mit ein bisschen Fantasie zauberst du noch ein kleines Theaterstück hinzu.

Auf der Mauer, auf der Lauer
sitzt 'ne kleine Wanze.
Seht euch nur die Wanze an,
wie die Wanze tanzen kann!
Auf der Mauer, auf der Lauer
sitzt 'ne kleine Wanze.

Im Verlauf des Liedes wird pro Strophe von den Worten „Wanze“ und „tanzen“ jeweils ein Buchstabe entfernt (z. B. Wanze – Wanz – Wan – Wa – W –), bis schließlich eine Pause gemacht werden muss.
Oder dieses:

Meine Oma fährt im Hühnerstall Motorrad,
Motorrad, Motorrad,
meine Oma fährt im Hühnerstall Motorrad,
meine Oma ist 'ne ganz patente Frau.

Hier noch ein paar Strophen:

- ***Meine Oma hat 'nen Nachttopf mit Beleuchtung ...***
- ***Meine Oma hat 'ne Brille mit Gardine ...***
- ***Meine Oma hat Klosettpapier mit Blümchen ...***
- ***Meine Oma hat im Strumpfband ´nen Revolver ...***
- ***Meine Oma hat 'nen Bandwurm, der gibt Pfötchen ...***
- ***Meine Oma hat 'nen Nachttopf mit Beleuchtung ...***

Bei dem folgenden Lied werden bei jeder weiteren Strophe die Vokale durch jeweils einen anderen Vokal ersetzt, und schließlich noch durch alle Umlaute:

Drei Chinesen mit dem Kontrabass
saßen auf der Straße und erzählten sich was,
da kam die Polizei, ei, was ist denn das?
Drei Chinesen mit dem Kontrabass!

Hier ein Beispiel für den Vokal „a“:
Dra Chanasan mat dam Kantrabass
saßan af dar Straßa and arzahltan sach was,
da kam da Palaza, a, was ast dann das?
Dra Chanasan mat dam Kantrabass!

Das folgende Lied hat Sitztanzcharakter. Bei jedem Wochentag, der genannt wird, werden z. B. die Hände zum Winken gehoben. Aber du kannst dir auch andere Bewegungen für die Kinder ausdenken.

Laurentia, liebe Laurentia mein,
wann werden wir wieder zusammen sein?
Am MONTAG!
Ach, wenn es doch erst endlich MONTAG wär,
und ich bei meiner Laurentia wär!
Am MONTAG!

Bei der nächsten Strophe wird der Wochentag durch den nächsten Wochentag ersetzt.

Laurentia, liebe Laurentia mein,
wann werden wir wieder zusammen sein?
Am DIENSTAG!
Ach, wenn es doch erst endlich MONTAG, DIENSTAG wär,
und ich bei meiner Laurentia wär!
Am DIENSTAG! usw.

LACHEN, QUIETSCHEN, BRÜLLEN

Benötigt werden:
1 Notizblock
Stifte/Bleistifte

Wenn du laut mit deinen Enkeln lachen möchtest, dann solltest du dieses Spiel einmal ausprobieren.
Setze dich mit möglichst vielen Kindern (auch die Großen dürfen mitspielen) an einen Tisch. Jeder Spieler benötigt ein Blatt Papier (von einem Notizblock) und einen Stift. Nun schreibt jeder Spieler den Namen eines bekannten Mannes ganz oben auf sein Blatt und knickt diesen oberen Teil weg, sodass ihn niemand sehen kann und gibt das Blatt an seinen Nachbarn zur Linken weiter.
Dann schreibt jeder Spieler auf dieses Blatt, das er von seinem Nachbarn bekommen hat, die nächsten Wörter (siehe rechte Seite), knickt diese wieder um, gibt das Blatt an den nächsten. Und so geht es weiter, bis die Geschichte fertig erzählt ist. Nun darf jeder Spieler nacheinander das Papier entfalten und die Geschichte vorlesen.
Du wirst sehen, dass ganz verrückte Geschichten entstehen, über die jeder laut lachen muss.

1. ... (Name eines bekannten Mannes)
2. *und ...* (Name einer bekannten Frau)
3. *begegneten sich ...* (Ortsbezeichnung)
4. *wo sie ...* (Verb)
5. *Er sagte zu ihr:* (eigener Satz)
6. *Und sie antwortete:* (eigener Satz)
7. *Und die Moral von der Geschichte:* (Moral oder Sprichwort)

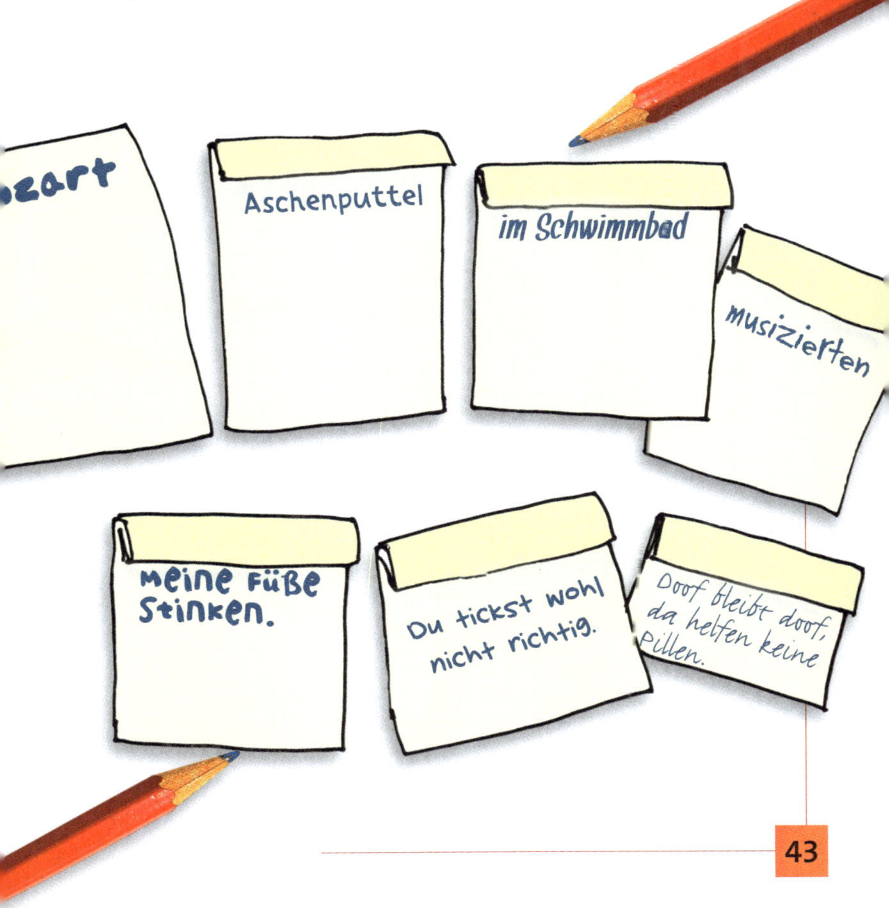

OBST-GEMÜSE-TIERE

Benötigt werden:
Gemüse und Früchte (zum Beispiel: Radieschen, Apfelsinen, Äpfel, Zitronen, Bohnen, Möhren, Sellerie, Champignons, Salat)
mehrere Zahnstocher
1 Küchenmesser

Es macht Spaß, diese Tiere zu basteln und sie anschließend aufzuessen. Verwende für den Körper und die Beine der Tiere feste Früchte und Gemüsesorten.

Für die Augen kannst du zum Beispiel Rosinen nehmen. Versuche Früchte- und Gemüsekombinationen zu finden, die zusammen lecker schmecken, zum Beispiel Banane mit Apfel oder Apfelsine. Aber vergiss nicht, die Zahnstocher zu entfernen, bevor deine Enkel die Obst-Gemüse-Tiere aufessen.

GRASKANINCHEN

Benötigt werden:
Sommergräser
Baumwollfaden

Aus Sommergräsern lassen sich niedliche Graskaninchen für deine Enkelchen basteln.

1. Wähle einen langen Grasspross und zwei Gräser mit Blüten für die Ohren. Nimm den Spross und wickle ihn um die Stängel unterhalb der Ohren, um das Köpfchen zu formen (siehe Abbildung links). Binde die Stängel mit einem Baumwollfaden zusammen.

2. Nimm zwei weitere Gräser mit Blüten für die Arme. Umwickle alles mit einem weiteren Faden und knote ihn fest.

3. Befestige ein paar längere Blüten mit einem Faden an den Stielen. Sie sind der Körper.

4. Mache aus kleinen Blüten die Füßchen. Umwickle die Stiele wieder mit einem Baumwollfaden und knote ihn gut fest. Füge auf die gleiche Weise einen Schwanz hinzu.

5. Umwickle nun alle Stängel noch einmal mit einem Baumwollfaden, damit du dein Kaninchen festhalten kannst.

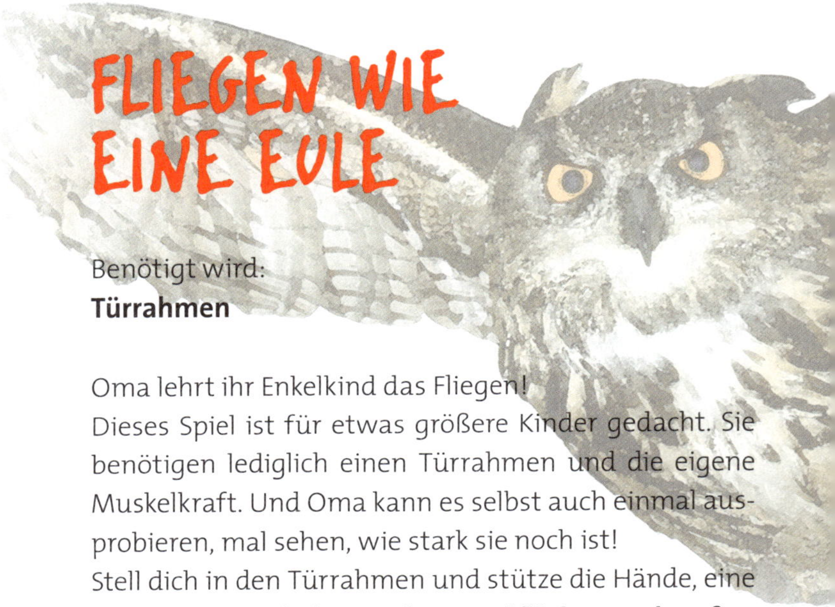

Fliegen wie eine Eule

Benötigt wird:
Türrahmen

Oma lehrt ihr Enkelkind das Fliegen!
Dieses Spiel ist für etwas größere Kinder gedacht. Sie benötigen lediglich einen Türrahmen und die eigene Muskelkraft. Und Oma kann es selbst auch einmal ausprobieren, mal sehen, wie stark sie noch ist!
Stell dich in den Türrahmen und stütze die Hände, eine rechts und eine links, mit den Handflächen nach außen gegen den Rahmen.
Ist dein Enkelkind noch klein, darf es einen Arm an den Türrahmen lehnen.
Jetzt drückst du, mit aller Kraft, als ob der Türrahmen an beiden Seiten zur Seite gedrückt werden müsste. Dies hältst du durch, bis du nicht mehr kannst und noch ein bisschen darüber hinaus.
Mache dann einen Schritt nach vorne. Und dann „denken“ deine Arme, dass sie zu Flügeln geworden sind und bewegen sich wie von selbst nach oben. Wie ein Vogel, der davonfliegen möchte.

RIESENTRICK FÜR OMA

Benötigt werden:
Eiswürfel
1 Glas Wasser
1 Faden (ca. 10 cm lang)
Salz

Diesen Trick kannst du vorführen, wenn du mit deinen Enkeln am Tisch sitzt.
Gib in ein Glas mit Wasser einen Eiswürfel und lege daneben einen ca. 10 cm langen Faden. Frage nun in die Runde, ob jemand den Eiswürfel mit dem Faden aus dem Glas fischen kann, ohne ihn mit den Fingern zu berühren. Niemandem wird dies gelingen, also zeigst du, wie es geht. Lege den Faden über den Rand des Glases auf den Eiswürfel. Streue ein wenig Salz darauf. Durch das Salz taut das Eis oben etwas an, gefriert aber gleich wieder. Hierdurch friert der Faden am Würfel fest und lässt sich aus dem Wasser heben.

KLEINER ELEFANT

Benötigt werden:
Stückchen Pappe (ca. 10 x 15 cm)
Bleistift
Stift und Papier
Schere

Dies wird ein niedlicher Elefant, mit dem Oma ihre Enkel zum Lachen bringen kann.
Mache zwei davon, wenn dein Enkelkind bereits etwas älter ist. Dann kann es nämlich damit eine Puppentheatervorführung für Oma geben!
Zeichne den Elefanten auf Pappe und schneide ihn aus. Schneide zwischen den Stoßzähnen ein Loch heraus, das groß genug ist für deinen oder den Zeigefinger deines Enkelkindes. Male Ohren, Augen, Stoßzähne und Fußnägel des kleinen Elefanten in schönen Farben an. Stecke den Finger wie einen Rüssel hindurch, und los geht die Vorstellung.

DAS WÖRTERBUCHSPIEL

Benötigt werden:
Fremdwörterbuch
Stift und Papier

Dieses Gesellschaftsspiel eignet sich für etwas ältere Kinder, die schon gut lesen und schreiben können.
In einem Fremdwörterbuch stehen eine Menge Wörter, von denen du nicht einmal wusstest, dass es sie überhaupt gibt, geschweige denn, was sie bedeuten. Darum dreht sich dieses Spiel.
Einer der Mitspielenden nimmt sich das Wörterbuch, schlägt eine beliebige Seite auf und liest ein merkwürdiges oder nicht gängiges Wort vor. Die anderen Spieler schreiben nun auf, was dieses Wort ihrer Meinung nach bedeuten könnte.
Es geht natürlich darum, eine Erklärung zu finden, die möglichst seltsam, aber dennoch glaubwürdig klingt. Der-/diejenige, der/die das Wort ausgesucht hat, schreibt die Definition aus dem Buch auf. Dann sammelt er/sie alle Notizen ein und liest sie eine nach der anderen vor.
Den anderen Spielern obliegt die ehrenvolle Aufgabe zu bestimmen, welches die echte Definition und welches die beste ist.

FARFALLE-SALAT

Benötigt werden:
Farfalle (ca. 200 g)
1 Prise Salz
2 Tomaten
½ Gurke
1 Bund Radieschen
1 Teelöffel Essig
3 Esslöffel Olivenöl
ein wenig Schnittlauch

Küchengeräte:
Sieb
Küchenmesser
Schere
Salatschüssel

Zusammen zu kochen macht immer Spaß. Kinder finden es außerdem richtig schön, ihre eigene Mahlzeit selbst zuzubereiten. Aber hier muss Oma schon dabeistehen.

Koche die Nudeln in Salzwasser. Spüle sie nach dem Kochen kurz unter kaltem Wasser ab und lasse sie weiter abkühlen. Wasche die Tomaten und die halbe Gurke und schneide alles in kleine Würfel. Schneide die Radieschen in kleine Scheibchen.

Vermische Salz und Essig in der Salatschüssel, gib das Öl hinzu und verrühre alles gut miteinander. Füge zum Schluss den Schnittlauch fein geschnitten hinzu.

Gib nun die Nudeln und das Gemüse hinzu und vermische alle Zutaten gut miteinander.

Guten Appetit!

BLUMIGE OHRRINGE

Benötigt werden:
2 (farbige) Papierkreise
(Durchmesser ca. 5 cm)
2 Papierstreifen (ca. 5 x 2,5 cm)
Klebstoff oder Klebeband
1 Bleistift
Nadel, Faden und Schere

Diese Bastelei ist für Omas Enkelinnen, die sich gerne ein wenig hübsch machen. Natürlich kannst du Ohrringe auch einfach im Geschäft kaufen, aber es hat schon

was, sie selbst zusammenzubasteln. Und natürlich wird nicht nur ein Paar für die liebe Enkelin gebastelt, sondern auch eines für Oma!

Zeichne das Blumenmuster auf die Papierscheibchen und schneide es aus. Biege die Spitzen nach innen. Schneide dann die Papierstreifen bis zur Hälfte in Fransen (siehe Abbildung), rolle sie auf und klebe sie zusammen.

Schneide ein passendes Loch in die Mitte der Blumen für die Papierröllchen. Stecke sie hindurch, mit den Fransen nach vorne.

Befestige an der Hinterseite der Röllchen kleine Schlaufen, mit denen die Ohrringe ans Ohr gehängt werden. So hübsch waren Oma und ihre Enkelin noch nie!

STADT, LAND, FLUSS …

Benötigt werden:
1 Bleistift
1 Papier pro Mitspieler

Dies ist ein Spiel für Enkelkinder, die schon schreiben können. Es kann zu mehreren, aber zur Not auch zu zweit gespielt werden. Vor jedem Spieler liegt ein Blatt Papier mit einer Tabelle nach untenstehendem Vorbild. Nun sagt ein Spieler in Gedanken das Alphabet auf, und ein anderer Mitspieler sagt zu einem beliebigen Zeitpunkt „Stopp“. Der Buchstabe, bei dem der Mitspieler gestoppt wurde, bestimmt nun die Anfangsbuchstaben jedes Wortes in jeder Spalte. Ziel ist es, so schnell wie möglich eine Stadt, ein Land usw. mit dem jeweiligen Anfangsbuchstaben aufzuschreiben. Der Spieler, der zuerst in jeder Spalte ein (lesbares!) Wort stehen hat, ruft „Stopp“, und alle müssen sofort aufhören zu schreiben.
Nun liest der Spieler, der zuerst fertig war, seine Wörter vor. Hat kein anderer Spieler dieses Wort, bekommt man 10 Punkte, für jedes doppelte Wort gibt es 5 Punk-

	Stadt	Land	Fluss	Name	Tier	Pflanze	Punkte
1							
2							
3							
4							

te. Hat niemand sonst ein Wort in einer der Spalten stehen, gibt es 20 Punkte. Man kann auch einfach einen Punkt pro aufgeschriebenem Wort vergeben, das macht die Sache einfacher.
Ihr könnt das Ganze so oft wiederholen, wie ihr wollt, immer mit einem anderen Anfangsbuchstaben. Zum Schluss werden die Punkte zusammengezählt und der Gewinner bestimmt.
Die Begriffe können beinahe unendlich variiert werden, Vorschläge wären z. B.: Sänger/-in, Gericht, Sportler/-in, Politiker/-in, Filmstar, Märchenfigur, Farbe, Frucht oder Gemüse, Kleidungsstück ...

OHNE ZU LACHEN

Kann Oma sich noch richtig schlapplachen? Den Enkeln wird es bei diesem Spiel auf jeden Fall gelingen. Je schneller dieses Spiel gespielt wird und je mehr Leute mitspielen, desto mehr Spaß macht es. Bestimmt eine/n aus der Runde die/der anfängt. Die anderen stellen ihr/ihm nun Fragen, z. B.: Wie heißt du? Wie heißt dein/e beste/r Freund/in? Was siehst du draußen?
Egal welche Frage gestellt wird, die Antwort muss immer „Würstchen" lauten, und zwar ohne zu lachen! Lacht sie/er doch, ist jemand anderes dran. Du wirst sehen, dass niemand sich das Lachen verkneifen kann. Ein Spiel mit Erfolgsgarantie!

ROTE STIEFMÜTTERCHEN

Benötigt werden:
Stiefmütterchen
Essig

Mit Blumen lässt sich mehr anstellen als sie einfach nur in die Vase zu stellen. So kannst du zum Beispiel ein lila Stiefmütterchen die Farbe wechseln lassen. Dein Enkelkind wird seinen Augen nicht trauen! Das Einzige, was du tun musst, ist etwas Essig über ein Stiefmütterchen geben und dann zusehen, wie sich seine Farbe verändert. In Stiefmütterchen ist ein chemischer Stoff enthalten, der sich durch die saure Essiglösung rot färbt. Probiere dies ruhig auch mal mit andersfarbigen Stiefmütterchen.

GEFÄRBTE NELKEN

Benötigt werden:
weiße Chrysanthemen oder Nelken
1 Küchenmesser
2 Gläser
Tinte
Glycerin
Wasser

Hier kommt noch ein Trick, mit dem sich die Farbe von Blumen verändern lässt. Nimm eine weiße Blume, beispielsweise eine Chrysantheme oder eine Nelke. Schneide den Stiel unten mit einem Messer ein Stück weit in zwei Hälften. Nimm zwei Gläser und stelle je eine Stielhälfte in je ein Glas. Tue in eines der Gläser zwei Teelöffel Glycerin und ein paar Tropfen farbiger Tinte (vielleicht hat Oma noch irgendwo ein altmodisches Tintenglas herumstehen, ansonsten opfere einfach eine Tintenpatronenfüllung). Beobachte, wie die Blume ihre Farbe verändert, während sie das Wasser nach oben saugt.

FÜR VÖGEL KOCHEN

Benötigt werden:
Erdnüsse und/oder gehackte gemischte Nüsse
Haferflocken
alte Brotreste
geriebener Käse
Sonnenblumenkerne
Rosinen
oder eine Tüte gemischtes Vogelfutter
Schmalz oder Frittierfett (aushärtendes)
etwas (Oliven-)Öl
alte Joghurtbecher aus Plastik
harter Zweig
Band
Tannenzapfen, halbe Kokosnussschale, Erdnüsse in Schale

Die Vögel leiden im Winter oft Hunger, wenn der Boden zugeschneit oder die Erde gefroren ist. Zum Glück ist Oma da, die gerade auf der Suche war nach einer Beschäftigung für ihre Enkelkinder: Hier bietet sich das Zubereiten einer Futterkugel für Vögel an.
Vermische die trockenen Zutaten miteinander. Lege ein wenig Vogelfutter oder ein paar Kerne zur Seite. Bringe das Frittierfett bzw. das Schmalz auf niedriger Stufe in einer Stielpfanne zum Schmelzen. Vorsichtig in der Mikrowelle schmelzen geht auch. Ein kleiner Schuss (Oliven-)Öl macht das Fett geschmeidiger.

Vermische die trockenen Zutaten mit dem geschmolzenen Fett und gieße das Gemisch in den Joghurtbecher, während du den Zweig hineinhältst, und stelle das Ganze dann zum Abkühlen zur Seite. Ist das Fett erhärtet, nimm den Joghurtbecher ab (am Zweig festhalten, während du den Becher kurz in kaltes Wasser hältst). Rolle die Fettkugel einmal durch die restlichen Samen und hänge sie an dem Band nach draußen.

Ein weit geöffneter Tannen- oder Kiefernzapfen lässt sich ebenfalls gut mit dem einigermaßen abgekühlten Fettgemisch befüllen. Befestige oben ein Band und hänge den Zapfen in einen Baum oder auf den Balkon. Auch eine halbe Kokosnussschale eignet sich hervorragend als Behältnis für einen Vogelkuchen.

Und da Oma und ihre Enkel ohnehin schon mit der Versorgung der Vögel beschäftigt sind, können sie auch noch eine schöne lange Kette Erdnüsse auffädeln, die dann neben der Fettkugel hängen kann.

Dabei können natürlich alle auch ein bisschen aus der Erdnusstüte naschen!

NATURKETTE

Benötigt werden:
Muscheln mit Loch oben
Federn
Makkaroni-Nudeln
getrocknete Sonnenblumenkerne
getrocknete Melonenkerne
Plakatfarbe und Pinsel
1 Eisenfaden
1 Nadel und 1 Fingerhut

Auf Spaziergängen mit deinem Enkelkind kannst du so manches Schöne finden, z. B. Federn oder, am Strand, Muscheln. Manchmal sind oben bereits kleine Löcher ausgewaschen. Diese Materialien lassen sich zu schönen Ketten aufreihen, besonders wenn du sie mit anderen „Perlen“ kombinierst, wie Makkaroni oder getrocknete Sonnenblumen- bzw. Melonenkerne. Es gibt einen schönen Effekt, wenn du sie vorher anmalst. Um Unfälle zu vermeiden ist es besser, wenn du die Löcher selbst mit einer Nadel in die Kerne und Federkiele stichst, bevor dein Enkelkind sie zu einer schönen Kette aufreiht.

SPRITZBILDER

Benötigt werden:

verschiedene Plakatfarben
alte Zahnbürste
Spritzrahmen, alter Kamm oder Teesieb
schöne Herbstblätter oder andere flache Formen
Blatt Papier
alte Zeitung

Schlage deinem Enkelkind vor, ein schönes Bild mit den Herbstblättern, die ihr bei eurem letzten Spaziergang gefunden habt, zu machen. Ziehe ihm aber, bevor ihr anfangt, ein altes T-Shirt von dir über, zum Schutz vor eventuellen Farbspritzern, und decke den Tisch mit Zeitungspapier ab. Lege das Blatt Papier darüber und darauf dann ein Herbstblatt. Tauche die alte Zahnbürste in die Farbe, halte den Kamm, Spritzrahmen oder das Sieb über das Papier, und lasse nun dein Enkelkind mit der Zahnbürste darüberstreichen. Sind es eurer Meinung nach genug Farbspritzer, puste die Farbe sanft trocken und nimm dann das Herbstblatt ganz vorsichtig vom Papier, sodass die Farbe nicht verschmiert. Lege ein anderes Herbstblatt aufs Papier, derart, dass es sich mit dem ersten überlappt. Spritzt nun mit einer anderen Farbe darüber. Dies wiederholt ihr so oft, bis ihr das Gefühl habt, dass das Bild fertig ist. Zwischen den einzelnen Farbgängen müsst ihr aber immer warten bis die Farbe getrocknet ist, sonst wird es ein Schmierbild.

BROTTEIG-FIGUREN

Benötigt werden:

Mehl
Salz
Wasser
Plakatfarbe oder Tinte in verschiedenen Farben
Zimt/Kakao/gemahlene Nelken
Keksförmchen
Teigrolle
Rührschüssel
Faden/Bändchen

Fast alle Kinder lieben das Kneten. Aus Brotteig lassen sich schöne pastellfarbene Figürchen formen. Vermenge für den Teig ein Teil Salz mit zwei Teilen Mehl in der Rührschüssel und füge so lange Wasser hinzu, bis der Teig die gewünschte Konsistenz hat und sich gut kneten lässt. Forme aus dem Teig einzelne Bällchen und färbe sie verschieden ein, indem du sie mit ein wenig Plakatfarbe oder Tinte vermischst. Du kannst auch natürliche Farbstoffe verwenden, wie Zimt, Kakao oder gemahlene Nelken. Die Farben sind dann nur etwas blasser. Pass auf, dass dein Enkelkind nicht davon nascht, weil es so lecker riecht!
Rolle nun die Bällchen mit der Teigrolle ca. einen halben Zentimeter dick aus (hierbei wird die Dicke von der Teigkonsistenz vorgegeben). Und nun kannst du schöne Figürchen mit den Förmchen ausstechen.

Ein schöner Marmoreffekt entsteht, wenn du verschiedene Farbteige vorsichtig miteinander verknetest, sie dann ausrollst und ausstichst. Stich mit einem Stöckchen oder einer Messerspitze kleine Löcher oben in die Figürchen, an denen sie nach dem Trocknen an einem Faden oder Bändchen aufgehängt werden können. Auf diese Weise könnt ihr zum Beispiel schönen Weihnachtsschmuck herstellen. Trockne die Figuren, indem du sie für einige Stunden in einen mitteltemperierten Ofen oder über Nacht auf die Heizung legst.

KOBOLDE GIBT ES WIRKLICH!

Benötigt werden:
dicke Wolle
1 Postkarte
Schere
Nadel und Faden
ein paar Perlen

Wer glaubt noch an Kobolde? Als Oma klein war, da gab es sie auf jeden Fall noch, so viel steht fest! Schaut mal, was sie jetzt für die Enkel herbeizaubert. Und – wenn du einmal gezeigt hast wie das gemacht wird – kann es dein Enkelkind danach allein!

Wickle dicke Wolle um die Längsseite einer Postkarte, bis du eine dicke Wollwurst hast. Streife sie von der Postkarte. Umwickle das Bündel an zwei Stellen mit ein wenig Wolle (eventuell in einer anderen Farbe): Fast ganz oben und ungefähr zwei Zentimeter tiefer, um das Köpfchen zu formen. Wenn du willst, kannst du auch den ganzen Kopf umwickeln. Schneide oben und unten alle Wollschleifen durch. Umwickle nun die Postkarte an der Breitseite mit der dicken Wolle, um die Arme zu machen.

Streife das Bündel von der Postkarte und knote es oben und unten mit einem Wollfaden zusammen. Stecke die Arme durch die (durchgeschnittenen) Schleifen in der

Mitte des Körpers. Binde unmittelbar unterhalb davon alles mit einem Wollfaden zusammen, um die Mitte zu formen. Teile für die Beine die untere Hälfte in zwei Teile. Wickle unten um jedes Bein einen Wollfaden, um so eine Art Pluderhose zu kreieren. Nähe mit Nadel und Faden ein paar Perlen für das Gesicht auf. Vielleicht hat Oma ja auch noch was von dem alten Wachs herumliegen, mit dem man früher Briefe versiegelte. Wenn ja, dann bringe ein wenig davon an den Beinenden zum Schmelzen, um daraus Schühchen zu formen.
Und die ganz kreativen Omas machen aus Stoff noch eine Zipfelmütze für die kleinen Männer und zaubern einen Rock für die kleinen Frauen.
Wenn du Koboldkinder machen willst, nimm einfach eine kleinere Pappe.

STREICHHOLZ-SPIELCHEN

Benötigt werden:
15 Streichhölzer

Dieses Spiel kannst du zu zweit spielen. Es ist also ideal für Oma und ihr Enkelkind. Lege 15 Streichhölzer nebeneinander auf den Tisch. Nun dürft ihr nacheinander ein, zwei oder drei Streichhölzer wegnehmen. Jeder darf selbst entscheiden, wie viele Streichhölzer er wegnehmen möchte, so lange, bis nur noch drei Streichhöl-

zer übrig sind. Derjenige, für den das letzte Streichholz übrig bleibt, ist der Verlierer. Oma muss sich also anstrengen, um zu verlieren.

OMAS SCHERZE

***Eine Ameise** spaziert an einem schönen Tag über eine große Wiese. Plötzlich wird sie von einem Pferdeapfel getroffen. Voller Mühe und Anstrengung versucht sie zwei Stunden lang aus diesem Pferdeapfel herauszukommen. Endlich schafft sie es und meint: „So 'n Mist, genau aufs Auge!“*

***Der Lehrer** fordert die Schüler auf, einen Satz mit dem Wort „einfältig“ zu bilden. Der kleine Max meldet sich gleich und sagt: „Herr Lehrer, du hast zwei Tropfen an der Nase, und ein' fällt dich gleich runter.“*

***Bei der Jägerprüfung** lautet die erste Frage: „Wie viele Frischlinge wirft eine Wildsau?“*
Nachfrage des Prüflings: „Hoch oder weit?“

***Bei den Olympischen Spielen** geht der Marathonlauf in die Endphase. Der schnellste Läufer kommt ins Stadion, läuft die letzte Runde, kommt durchs Ziel und springt anschließend vor Freude noch über eine Hürde.*
Bemerkt ein Zuschauer anerkennend zu seinem Sitznachbarn: „Donnerwetter, was für eine Leistung!“
Worauf dieser erwidert: „Na ja, bei dem Anlauf ...“

Und, liebe Oma, da fallen dir doch sicher gleich noch mehr Witze ein, die du den Kindern erzählen kannst?!

PRINZESSINNEN-MASKE

Benötigt werden:

Stückchen dünne Pappe (16 x 9 cm)
Stifte oder Farbe
Glitzeraufkleber
Tortenspitzen
1 Gummiband oder
1 Stöckchen
1 Heftmaschine (Tacker)
1 Bleistift
1 Schere
1 scharfes Messer

Mit dieser hübschen Maske bekommt deine Enkelin Augen wie zwei Sterne.
Übertrage den Umriss der Maske auf die (wenn möglich farbige) Pappe und schneide ihn aus.
Ritze mit einem scharfen Messer die Strahlen der Augen aus (das muss Oma selber machen!).
Klebe den Rand der Tortenspitzen so auf die Rückseite der Maske, dass er ein Stück übersteht. Schmücke die

Vorderseite der Maske mit Farben, Filzstiften und Glitzeraufklebern.

Falte die Augensterne auf. Mache kleine Löcher in die Seiten der Maske und knote das Gummiband daran fest. Oder befestige das Stöckchen mit einer Heftmaschine an der Seite, sodass deine Enkelin die Maske einfach vor ihr Gesicht halten kann.

Wenn du möchtest, dass die Maske aussieht wie aus dem 16. Jahrhundert, klebe etwas Tüll an die Unterkante, sodass die untere Gesichtshälfte bedeckt wird.

STILLE POST

Dies ist ein echtes Gesellschaftsspiel, denn hierfür brauchst du mehrere Mitspieler. Je größer die Gruppe ist, desto besser. Spielt es also beispielsweise, wenn alle Enkel bei dir versammelt sind.

Die Spieler setzen sich im Kreis zusammen. Einer der Mitspieler denkt sich nun eine Botschaft aus, die einen Satz lang ist und flüstert sie einmal in das Ohr des Nachbarn zu seiner Linken. Dieser flüstert sie seinem Nachbarn ins Ohr und so weiter, bis die Botschaft einmal die Runde gemacht hat. „Was hast du gesagt?" zu fragen ist nicht erlaubt. Der letzte Spieler sagt laut, was ihm/ihr zugeflüstert wurde, und vergleicht diese Botschaft mit der ursprünglichen Botschaft des ersten Spielers.

Egal, ob die Nachricht ernst oder witzig ist, sicher ist, dass am Ende etwas vollkommen anderes dabei herauskommt!

GESCHICKTE OMA

Oma, kannst du das noch? Fasse dir mit der linken Hand an dein rechtes Ohr und mit der rechten Hand an deine Nase. Bis hierhin kein Problem. Doch jetzt lege deine Hände auf die Knie und fasse dir nun mit der rechten Hand an dein linkes Ohr und mit der linken Hand an die Nase. Dann wieder umgekehrt und das Ganze immer schneller werdend. Nach einigen Malen schon kommst du total durcheinander und fasst dir mit beiden Händen an die Nase oder an ein Ohr. Spiele dieses Spiel mit deinem Enkelkind, und ihr werdet garantiert viel Spaß haben!

Noch ein Geschicklichkeitsspiel: Klopfe dir mit deiner rechten Hand leicht auf das Dekolleté und reibe dir gleichzeitig mit der linken Hand den Bauch in kleinen kreisenden Bewegungen. Und jetzt umschalten: Die Hände bleiben, wo sie sind, aber nun reibst du in kleinen Kreisbewegungen über dein Dekolleté und klopfst dir auf den Bauch. Keinem von euch beiden wird es beim ersten Mal gelingen. Da hilft nur weiter üben und vor allem: zusammen lachen!

DER KNIFFELIGE STIEFEL

Benötigt werden:
1 Bogen festes Papier
1 Schere

Dies ist ein schwieriges, aber schönes Puzzle. Wie löst du das Quadrat von der großen Figur und den Stiefeln, ohne das Puzzle zu zerreißen oder zu zerschneiden? Damit die Lösung nicht schon vorher verraten wird, solltest du das Puzzle anfertigen, bevor dein Enkelkind kommt. Aber wenn es das Puzzle gelöst hat, kannst du ihm natürlich gerne zeigen, wie du es gemacht hast.
Falte das Blatt Papier auf die Hälfte und schneide die drei Teile aus, wie auf der nebenstehenden Zeichnung zu sehen. Zur Fertigstellung des Puzzles gehe wie folgt vor:
Entfalte die kleinste Figur. Hänge sie an die andere Figur, wie abgebildet. Hänge die Stiefel auch daran, aber indem du einen Stiefel zwischen beide Hälften steckst. Schiebe das kleine Quadrat nach vorne über das Ende der großen Figur, sodass es nun um die Stiefel hängt.
Entfalte jetzt die große Figur, und schon ist das Puzzle fertig zum Puzzeln. Zur Sicherheit einmal selber üben wie die Stiefel abgenommen werden, bevor du die Aufgabe an dein Enkelkind weitergibst. Die Auflösung funktioniert genauso wie das Zusammensetzen des

Puzzles, nur andersherum. Du wirst sehen, dass es deinen Enkeln nicht so leichtfallen wird, dieses Puzzle zu lösen.

RECHENAUFGABE

Diese Rechenaufgabe finden selbst Kinder witzig, die Rechnen sonst eher weniger mögen. Wenn dein Enkelkind zu dir kommt, geht es natürlich um Spaß und nicht um Hausaufgaben. Darum steht die Summe bei dieser Additionsaufgabe auch schon unten drunter, nämlich 5074. Jetzt aber drehst du das Büchlein einfach auf den Kopf und lässt dein Enkelkind die Zahlen noch einmal zusammenzählen. Und das Ergebnis ist eine Überraschung. Hattest du das schon bemerkt, Oma?

JUNG UND ALT

Du musst als Oma deine Enkel genießen, so lange sie noch klein sind. Ehe du dich versiehst sind sie groß, und damit ist diese besondere Zeit vorbei.
Wie schnell das geht?
Drehe das Büchlein auf den Kopf und schau dir die Kinder unten an!

FALLENDE KARTEN

Benötigt werden:
alte Spielkarten
alte (unvollständige) Quartettspiele
ebener Boden

Liebe Oma, du kennst doch bestimmt die Fernsehsendungen, in denen Tausende von Dominosteinen in einer riesigen Sporthalle aufgestellt und dann vor laufender Kamera umgeworfen werden. Jeder ist gespannt, ob alle Steine umfallen und somit der Rekord gebrochen wird. Dieses Spiel kannst du, auf eine etwas unspektakulärere Weise, auch zu Hause spielen. Und du benötigst nicht einmal Dominosteine dafür. Aber du brauchst alte Spielkarten. Oma hat bestimmt noch irgendwo welche herumliegen, die sie irgendwann bei irgendeiner Werbeaktion oder Ähnlichem bekommen hat. Ansonsten liegt vielleicht auch ein unvollständiges Quartettspiel im Schrank, das sowieso nicht mehr gespielt werden kann. Alle diese Karten kannst du durcheinander verwenden. Falte sie zuerst der Länge nach

in zwei Hälften, damit sie aufrecht stehen bleiben. Und mit diesen gefalteten Karten gehen Oma und Enkelkind an die Arbeit. Stellt die Karten auf Omas Zimmerfußboden auf, in Reihen, Bögen, Kreisen und allen erdenklichen Figuren, die alle miteinander verbunden sind. Je größer das Ganze wird, desto vorsichtiger musst du dich bewegen, um nicht aus Versehen das Ganze bereits vorher umzuschmeißen. Baue deshalb Zwischenräume ein, die erst später mit Karten gefüllt werden. Mithilfe von Bauklötzen aus dem Bauklotzbeutel kannst du sogar ein Treppchen bauen, um die Karten auf diese Weise nach oben zu leiten, sodass die oberste Karte wieder nach unten fällt, um die nächste Reihe in Gang zu setzen. Wenn der gesamte Parcours fertiggestellt ist, darf dein Enkelkind die erste Karte umwerfen, und jetzt könnt ihr zusammen das Einstürzen eures gesamten Bauwerkes genießen.

SCHNITZELJAGD IM HAUS

Benötigt werden:
Hauptpreis (Schokolade oder ein kleines Geschenk)
Fantasie
Stift und Papier
Omas Haus

Dies ist ein Spiel, das ihr so lange spielen könnt wie ihr wollt. Wenn Oma ein großes Haus hat, kann sie die Kinder schön die Treppen hoch und runter schicken; ist Omas Wohnung dagegen eher klein, dann geht es darum, so viele verschiedene witzige Aufträge zu erfinden wie möglich.

Die Spielidee ist die, dass Oma etwas für ihr Enkelkind versteckt und anhand verschiedener Briefchen, die es kreuz und quer durchs Haus schicken, nach und nach verraten wird, wo sich das versteckte Etwas verbirgt.

In jedem Brief steht ein Auftrag, der ausgeführt werden muss und der dann zum nächsten Briefchen führt. So lautet das erste Briefchen zum Beispiel: Gehe in die Küche, öffne die Ofentür und suche nach dem zweiten Brief (der liegt irgendwo versteckt im – kalten! – Ofen).

Auf dem zweiten Briefchen steht dann: Gehe ins Wohnzimmer, zähle alle Blumentöpfe und du wirst Briefchen Nummer drei von alleine finden (dieses liegt hinter einem der Blumentöpfe).

Briefchen Nummer drei führt das Enkelkind in Omas Schlafzimmer, wo die Kissen aufgeschüttelt werden müs-

sen, um Brief Nummer vier zu finden. Dieses Briefchen wiederum führt ins Badezimmer, wo es in den Spiegel schauen muss, um das fünfte Briefchen zu finden (welches dann unter dem Spiegel liegt oder genau hinter dem Kind, sodass es dieses im Spiegel sehen kann).
Der nächste Auftrag führt zur Garderobe, wo Omas Jacke und Stiefel angezogen werden müssen, um den nächsten Brief zu finden. Und so weiter. Hat Oma einen Garten, kann die Schnitzeljagd auch nach draußen führen. Und wenn Omas Nachbarn nett sind, beziehe auch diese in die Schnitzeljagd ein: „Klingle bei der Nachbarin Frau Janssen, singe ein Lied, und dann erhältst du den nächsten Brief."
Passe den Schwierigkeitsgrad der Schnitzeljagd an das Alter deines Enkelkindes an, und vergib auch Aufträge wie die folgenden: „Male ein Bild und gib es Oma" (dafür bekommst du dann das nächste Briefchen), „pflücke einen Strauß Blumen im Garten und stelle ihn in die Vase" (wo sich das nächste Briefchen befindet) und so weiter. Formuliere kurze, aber witzige Aufträge, damit auch gelacht wird bei diesem Spiel. Am Ende der Schnitzeljagd findet sich natürlich der Schatz, der alles sein kann (z. B. etwas zu naschen oder ein kleines Geschenk). Und wenn das Kind mit der Schnitzeljagd fertig ist, kann es ja auch eine für Oma entwerfen! Natürlich können auch mehrere Kinder mitspielen und suchen oder auch Oma begleiten, um zu gucken, ob sie auch alles richtig macht: Ihr werdet garantiert viele Stunden voller Spaß haben. Und auch Oma ist am Ende des Tages richtig schön geschafft.

LÖWENMASKE

Benötigt werden:
Stückchen Pappe (23 x 18 cm)
1 Schere
Stifte oder Farbe
Bastelfolie in „Löwenfarben“ oder Stroh
festes Klebeband
1 Stöckchen
1 Bleistift

Verwandle dein Enkelkind in einen furchterregenden oder besonders lieben Löwen. Diese Maske könnt ihr prima zusammen basteln. Schneide aus der (wenn möglich farbigen) Pappe ein großes Oval und die Augen aus, und zwar in der Mitte mit einem Abstand von 4,5 cm voneinander. Male das Oval auf der Vorderseite gelb an. Schneide die Bastelfolie in ungefähr 5 cm lange Streifen und klebe sie mit dem Ende auf einen Streifen Klebeband. Drehe die Maske um und klebe das Klebeband rundherum am Rand fest, um so die Mähne des Löwen zu basteln. Befestige unten an der Maske das Stöckchen sorgfältig mit Klebeband. Drehe die Maske wieder um, und zeichne auf die Vorderseite Augen und Schnauze des Löwen. Grooaarrrr!

DIE FLIEGENDE VISITENKARTE

Benötigt werden:

Stückchen glatte, dünne Pappe (z. B. eine Visitenkarte)
Geldstück

Balanciere die Visitenkarte mit einem Geldstück darauf auf dem linken Zeigefinger. Schnipse nun mit Daumen und Zeigefinger der rechten Hand das Kärtchen weg, aber so, dass das Geldstück auf dem Zeigefinger liegen bleibt. Mit einiger Übung lässt du die Karte bald durchs halbe Zimmer fliegen, ohne dass sie Münze herunterfällt. Damit kannst du großen Eindruck machen, liebe Oma! Und dann hast du erst mal Ruhe, während dein Enkelkind den Trick fleißig übt.

DURCH EINE FLASCHE PUSTEN

Benötigt werden:

1 runde Flasche

1 Kerzenhalter mit Kerze

Noch ein schöner Trick: Stelle eine Flasche vor eine brennende Kerze. Puste nun aus einem gewissen Abstand gegen die Flasche. Aufgrund der Luftverwirbelungen wird die Flamme gelöscht. Für dein Enkelkind sieht es allerdings so aus, als ob du quer durch die Flasche pustest. Damit die Täuschung richtig echt wirkt, solltest du vielleicht auch diesen Trick vorher ein wenig üben, damit du den richtigen Abstand herausfindest.

NICHT UMFALLEN!

Benötigt wird:
1 Blatt Papier (A4)

Hier kommt ein Geschicklichkeitsspiel für dein Enkelkind. Falte das Blatt Papier der Länge nach auf die Hälfte und stelle es auf den Boden. Dein Enkelkind soll nun versuchen, das Papier mit dem Mund hochzuheben, während es auf einem Bein steht und das andere mit den Armen umfasst. Das ist bestimmt keine leichte Übung! Sorge für genügend Platz, denn umfallen gehört zum Spiel. Und nur die sehr gelenkigen Omas dürfen diese Verrenkungsübung auch selbst einmal ausprobieren.

Das anhängliche Geldstück

Benötigt werden:

1 Geldstück

1 Bürste mit ziemlich weichen Borsten

Schon wieder ein Trick mit einem Geldstück, das an seinem Platz bleiben möchte. Lege eine Münze in die Handfläche deiner ausgestreckten Hand. Jetzt soll dein Enkelkind versuchen, das Geldstück mit der Haar- oder Kleiderbürste von deiner Hand zu fegen. Es wird ihm nicht gelingen!

Die Anglerin

Benötigt werden:
1 Fotokopie der nebenstehenden Abbildung
1 Schere

Als Oma jung war ging sie vielleicht manchmal angeln. Das könnte so ausgesehen haben, wie auf dem alten Foto. Schade nur, dass ihr die Beine fehlen.
Indem du die Karte entlang der vorgegebenen Strichellinien faltest und die vorgegebenen Stellen für die Löcher ausschneidest, kannst du dem schnell Abhilfe verschaffen. Stecke Zeige- und Mittelfinger durch die Löcher – und schon ist das Bild wieder komplett: Oma sitzt mit den Füßen im Wasser.

Limonade

Benötigt werden:
12 Strohhalme und 1 Glas Limonade

Reiche deinem Enkelkind ein Glas Limonade mit 12 Strohhalmen. Nun soll es die Limonade austrinken, aber mit allen 12 Strohhalmen gleichzeitig.
Nach einigen verzweifelten und hoffnungslosen Versuchen wirst du wohl doch zugeben, dass sich Limonade am besten mit *einem* Strohhalm trinken lässt ...

APFEL-NUSS-CRUMBLE

Zutaten für vier Personen:
12 Vollkornzwiebäcke
3 Äpfel (z. B. Boskop)
ein wenig Zitronensaft
10 g Butter
2 EL braunen Zucker
2 EL gemahlene Haselnüsse
Crème fraîche/Vanillesoße

Küchengeräte :
Kochlöffel
Geschirrhandtuch
Rührschüssel
ofenfeste Schale
Messer
Teigrolle
Backofen

Zusammen mit Oma eine Leckerei backen, das ist immer prima. Bei diesem Rezept kann dein Enkelkind zudem viel selber machen.
Zuerst müsst ihr den Zwieback zerbröseln. Wickle ihn in das Geschirrtuch und rolle dann mit der Teigrolle darüber, so geht das ganz einfach.
Danach müssen die Äpfel geschält und in kleine Stückchen geschnitten werden (diesen Teil des Rezeptes kann Oma am besten selbst erledigen).
Gebt die Apfelstückchen in eine eingefettete Ofenform und beträufelt sie mit etwas Zitronensaft.
Nun wird die Butter in der Rührschüssel in kleine Stücke geschnitten. Zucker, gemahlene Haselnüsse und Zwiebackkrümel hinzufügen. Jetzt darf dein Enkelkind das Ganze so lange kneten, bis es einen Krümelteig hat. Sollte er zu krümelig sein, eventuell noch etwas Butter hinzufügen.

Jetzt die Teigkrümel über die Äpfel geben, bis alles bedeckt ist. Den Crumble 20 Minuten im vorgeheizten Ofen (bei ca. 210 Grad) backen.
Der Crumble wird lauwarm gegessen, eventuell mit einem Klacks Crème fraîche oder Vanillesoße.

ADVENTSKALENDER

Benötigt werden:

einige Bögen farbiges Papier
glitzernde Weihnachtsaufkleber
Weihnachtsgirlande
1 Heftmaschine (Tacker)
Farbe oder Stifte
ein paar Meter (Zier-)Band
24 Süßigkeiten, Schokoladentäfelchen und/oder kleine Geschenke

Bastle diesen Adventskalender allein oder zusammen mit deinem Enkelkind. Wenn ihr ihn zusammenbastelt, ist der Überraschungseffekt zwar etwas geringer, dafür kann es aber stolz sein auf sein Werk, an dem eventuell auch die Geschwister noch lange ihre Freude haben werden. Schneide aus dem Papier 2 x 24 Quadrate von 11 cm Kantenlänge aus und schreibe oder klebe auf 24 Quadrate die Zahlen 1 bis 24. Die Kreativen verzieren die Papierquadrate noch mit glänzenden Weihnachtsaufklebern oder verschönern sie mit Stückchen einer Weihnachtsgirlande. Lege auf jedes Papier eine Süßigkeit, Schokolade oder/und ein kleines Geschenk und hefte es mit dem dazugehörigen Papier rundum zusammen, sodass sich die Überraschung in einer Art Umschlag befindet. Befestige, ebenfalls mit der Heftmaschine, ein Stückchen Band an jedem Papierumschlag. Jetzt müssen die kleinen Päckchen irgendwo

an den Bändern aufgehängt werden. Ist dein Enkelkind häufig bei dir zu Besuch, hänge den Kalender bei dir im Haus auf, ansonsten ist es geschickter, ihn im Haus deines Enkelkindes aufzuhängen. Befestige die kleinen Päckchen zum Beispiel als Bündel an einem geeigneten Platz. Oder reihe sie an der Balustrade bzw. am Treppengeländer auf. Oder spanne eine Leine und knote die Umschläge daran fest. Auf jeden Fall sollte dein Enkelkind den Kalender selbst erreichen können, um jeden Tag – vom 1. bis zum 24. Dezember – ein Päckchen herunterzunehmen. Jeden Tag eine Süßigkeit, ein Schokoladentäfelchen, ein kleines Geschenk. Jeden Tag wird es aufs Neue spannend, was wohl heute in dem Päckchen stecken mag ...

MÄRCHEN

Bei Omas liegen immer irgendwelche alten Sachen in den Schubladen. Unsere Oma hat zum Beispiel alte Märchenbilder gefunden. Suche die versteckten Figuren.

1

2

3

4

1. Suche die gute Fee. 2. Wo ist der Ritter? 3. Wo ist die Hexe? 4. Wo versteckt sich der kleine Däumling? 5. Wo ist Rapunzel? 6. Suche die Meerjungfrau.

5

6

Auflösungen

LAPPAN: BÜCHER, DIE SPASS BRINGEN!

J. Botermans, F. v. Ark
Opa ist der Beste
ISBN 978-3-8303-6205-0

J. Botermans, F. v. Ark
Papa für Anfänger
ISBN 978-3-8303-6170-1

A. Gort, M. van Vugt
Mama für Anfänger
ISBN 978-3-8303-6175-6

Wir senden Ihnen gern unser Gesamtverzeichnis:

Lappan Verlag GmbH
Postfach 3407
26024 Oldenburg
www.lappan.de

G. Gort, F. v. Ark
Oma für Anfänger
ISBN 978-3-8303-6159-6

J. Botermans, F. v. Ark
Opa für Anfänger
ISBN 978-3-8303-6152-7

ISBN: 978-3-8303-6208-1
1. Auflage

Übersetzung aus dem Niederländischen: Dr. Anja Blume
Die niederländische Originalausgabe erschien unter dem Titel:
Oma is fantastisch. © 2010 Uitgeverij Terra Lannoo. www.terralannoo.nl
© 2011 Lappan Verlag GmbH • Würzburger Str. 14 • D–26121 Oldenburg
www.lappan.de
Lektorat: Constanze Breckoff
Herstellung: Monika Swirski
Printed in Germany

Der Lappan Verlag ist ein Unternehmen der Verlagsgruppe Ueberreuter, Wien.